René FAGE

UN PROCÈS ROMANESQUE

DEVANT LA CHAMBRE DE L'ARSENAL

(XVIIᵉ SIÈCLE)

BRIVE

IMPRIMERIE ROCHE

27, avenue de la Gare

1917

UN PROCÈS ROMANESQUE

DEVANT LA CHAMBRE DE L'ARSÉNAL

Rene FAGE

UN PROCÈS ROMANESQUE

DEVANT LA CHAMBRE DE L'ARSENAL

(XVIIᵉ SIÈCLE)

BRIVE

IMPRIMERIE ROCHE

27, avenue de la Gare

1917

UN PROCÈS ROMANESQUE

DEVANT LA CHAMBRÈ DE L'ARSENAL

(XVIIe SIÈCLE)

Sur un des piliers de la chapelle Saint-Alexis, dans l'ancienne église des Carmes de Tulle, on lit l'inscription suivante :

Ici repose le cœur de Mr Alexis Borderie de Vernéjoux, fondateur de cette église, décédé à Tulle le 22 octobre 1806.
Bienfaisant et modeste, appui des malheureux,
Il n'était que vertus dans son cœur généreux.
Requiescat in pace.

Enfermé dans une boîte en plomb, le cœur a été déposé sous une des marches de l'autel (1).

C'est à la libéralité d'un membre de la famille de Noailles qu'est due la construction, au milieu du XVIIe siècle, de l'église des Carmes (2). Comment Alexis de Vernéjoux, né le 1er août 1737 (3), a-t-il pu en être dit le fondateur? Une explication est nécessaire pour comprendre le sens de l'inscription. A l'époque du Consulat, M. de Vernéjoux, qui avait acheté à M. Brival, juge à Limoges, moyennant mille francs, l'église des Carmes, en fit don à la ville de Tulle (4). Grâce à cette générosité, l'église put être rendue au culte et devint, plus tard, le siège de la paroisse Saint-Pierre. Alexis de Vernéjoux fut considéré comme le fondateur de cette nouvelle paroisse.

---

(1) Renseignement donné par M. Antoine Reyneau.

(2) *Le Vieux-Tulle*, p. 323.

(3) Archives communales de Tulle, Registre des Baptêmes de la paroisse Saint-Julien.

(4) M. Victor Forot, *L'Aliénation des biens du clergé à la Révolution*, p. 49.

L'épitaphe n'exagère pas ses vertus : il était charitable, pieux, dévoué à ses concitoyens, faisait le bien sans ostentation. La simplicité de sa vie, son attitude réservée, le bon usage de sa fortune, l'avaient mis à l'abri des suspicions et des haines révolutionnaires. Il appartenait cependant à la classe détestée des annoblis. Son père était seigneur de Vernéjoux, de Chadepeaux, de Lavaur, baron de Larochette, et portait sur son écu « d'azur à la fasce d'or ». Un de ses ancêtres avait fait peindre sa litre dans la chapelle de Bonnet, en l'église Saint-Pierre de Tulle (1). Plusieurs membres de sa famille avaient surmonté leur blason d'une couronne de comte (2). Il n'en fallait pas davantage pour faire tomber une tête... Borderie de Vernéjoux traversa pourtant sans être inquiété, la période de la Terreur. Vivant comme un sage au milieu des passions publiques, il n'eut pas d'histoire; et son nom serait oublié, sans doute, si l'inscription peinte dans l'église qu'il avait donnée à la ville, presque disparue sous une couche de poussière, ne rappelait que son cœur est là et que ses contemporains ont rendu un solennel hommage à ses vertus.

L'oubli vient vite sur les bienfaits; il jette aussi son voile, moins rapidement peut-être, sur les scandales. Qui se souvenait, à Tulle, lorsque le cœur d'Alexis de Vernéjoux reçut les honneurs de la sépulture dans l'église des Carmes, d'un des aïeux de cet homme de bien, de Martial Borderie de Vernéjoux, écuyer, maire perpétuel de Tulle, secrétaire du roi, conseiller à la Cour des Aydes de Paris, qui alluma, dans sa ville natale, au milieu du xviie siècle, un terrible brandon de discorde, divisa la population en deux camps ennemis, compromit sa réputation et celle des familles les plus respectées, passionna le pays, agita le Parlement de Bordeaux et fit planer sur les hauts commissaires de la Chambre de l'Arsenal un soupçon de partialité?

____

(1) Champeval, *Dictionnaire des familles nobles et notables du Bas-Limousin*, T. I, p. 84.

(2) Philippe de Bosredon, *Sigillographie du Bas-Limousin*, T. I, p. 85, T. II, p. 42.

C'est l'aventure romanesque et tragique de cet ancêtre que
je vais raconter (1). Elle n'est pas édifiante comme la vie si
simple du pieux et bienfaisant Alexis, son petit-fils. Le
cœur de Martial n'a pas mérité d'être placé, en une boîte de
plomb, au pied d'un autel ; il brûlait d'un feu trop terrestre ;
il a fait des victimes.

L'affaire, dans laquelle le maire perpétuel de Tulle joua
le premier rôle, est de celles qui, par leur caractère passion-
nel, ont un intérêt général. Elle met en vive lumière les
dessous impurs d'une société qui se disait la mieux policée
du monde ; elle fait jouer sous nos yeux de furieuses intri-
gues et de criminelles vengeances ; elle montre, enfin, prises
sur le vif, les faiblesses et les tares des juridictions et des
officiers de justice du grand siècle. Envisagée à ces divers
points de vue, elle échappe à la banalité de la plupart des
causes célèbres et devient une page d'histoire, de petite histoire, assurément, mais qui ne me parait pas déplacée dans
nos annales limousines.

Au quartier du Canton, sur la rive gauche de la Corrèze (?),
habitait, au xvııe siècle, un des avocats les plus renommés
du présidial de Tulle. Il s'appelait Jean Vaurillon ou de Vaurillon et se titrait seigneur de La Chaud, d'un bien noble
qu'il possédait dans la paroisse de Sainte-Fortunade, et aussi
seigneur de La Vergne d'un autre fief situé dans la paroisse
de Vitrac (3). Son père, qui avait été avocat comme lui,

---

(1) Tous les détails de cette affaire sont tirés des *Archives de la
Bastille*, carton 10540, à la Bibliothèque de l'Arsenal.

(?) Je ne peux pas préciser autrement la maison d'habitation de
l'avocat Vaurillon. L'Averge et le Canton ne formaient qu'un seul
quartier en 1672. (*Bull. de la Société des Lettres, Sciences et Arts
de la Corrèze*, T. XXXI, 1909, p. 99.

(3) On trouve, dans la Collection Chérin, vol. 204 (Bibliothèque nationale), la généalogie des Vaurillon qui, en 1748, demandèrent au roi
des Lettres de maintenue en noblesse, ou, tout au moins, des Lettres
d'ennoblissement. Par Lettres patentes, données à Fontainebleau en

s'était allié par son mariage avec Marguerite Darluc, à une
famille notable, et son grand-père, Pierre-Noël, notaire,
procureur et juge de Favars, avait épousé Eléonore de Maruc (1). Les Darluc, les Maruc et les Vaurillon comptaient
dans la meilleure bourgeoisie du pays. La situation profes-
sionnelle, la fortune et la parenté de Jean Vaurillon en fai-

---

octobre 1749, le roi accueillit la supplique des petits-fils de Jean Vaurillon. Ces lettres expliquent que les suppliants, depuis plus de mille
ans, portent de père en fils le même nom ; que les terres de La Chaud
et de La Vergne sont dans leur maison; mais qu'un incendie, arrivé
il y a quarante ans environ dans leur château de La Chaud, a tout
consumé et les met dans l'impossibilité de prouver une ancienne filia-
tion noble bien suivie. Toutefois, en raison de leurs bons services,
quoiqu'ils ne justifient que de trois générations, le roi les confirme
dans leur noblesse, et, en cas de besoin, les ennoblit.

Dans les Lettres d'ennoblissement, on lit que Jean-Louis-Ignace de
Vaurillon de La Chaud, ancien mousquetaire, Jean-Baptiste de Vaurillon de La Chaud, ancien garde du corps, Martin de Vaurillon de
La Chaud, capitaine au régiment de Bourbonnais, et Romain de Vaurillon de La Chaud, capitaine au même régiment, justifient « qu'ils ont
eu pour trisaïeul noble Pierre-Noël de Vaurillon, écuyer, s' de La
Chaud et de La Vergne, lequel, en 1593, eut une commission de colo-
nel de cinq compagnies de deux cents hommes chacune; que du mariage de ce Pierre-Noël naquit M'' Jean Vaurillon de La Chaud et de
La Vergne, capitaine au régiment de Navarre, qui épousa Marguerite
de Darlu, fille de noble Pierre de Darlu, écuyer, et que son fils, Jean
second, fut capitaine dans le régiment de la Couronne; que Jean second, dans son contrat de mariage avec Martine de Chabannes, fille
de Jean de Chabannes, écuyer, est qualifié messire Jean Vaurillon,
écuyer; que Jean-Baptiste, père de deux des suppliants et ayeul des
deux autres, épousa demoiselle Suzanne La Serre, fille de M'' Léon
de La Serre, écuyer, seigneur de Langlade, et est qualifié, dans son
contrat de mariage, écuyer, seigneur de La Chaud, fils de Jean second
écuyer... »

En exécution de ces Lettres de noblesse, d'Hozier régla et blasonna
ainsi les armoiries : « Ecu d'argent à un lion de sable et un chef de
gueules chargé de trois étoiles d'or; cet écu timbré d'un casque de
profil, orné de ses lambrequins d'or, de gueules, d'argent et de sable.»
(Bibl. nationale, Nouveau d'Hozier, 327.)

(1) Je n'ai pas trouvé la justification des commandements militaires
dont auraient été investis, d'après la note qui précède, le père et le
grand-père de Jean Vaurillon,

saient un des personnages importants de Tulle ; aussi son nom avait-il été inscrit sur la liste des délégués-conseillers de la ville pour l'année 1672 (1).

De son mariage avec Martine de Chabannes étaient nés onze enfants : trois garçons et huit filles. Un des fils était entré dans les ordres ; le deuxième enseignait le droit à Bordeaux ; la carrière du plus jeune ne m'est pas connue. C'est des filles, de l'une d'elles surtout, que j'ai à parler.

En 1685, quand notre histoire commence, il y avait trente-trois ans que Vaurillon était marié ; la plus jeune de ses filles était sortie de l'enfance, les plus âgées avaient pris un mari. Elles « estoient toutes filles d'esprit et bien faites. » La maison hospitalière s'ouvrait à la belle société. La jeunesse intellectuelle et sentimentale y était attirée. Les personnes les plus considérables s'y donnaient rendez-vous ; « elles y passaient des soirées en divertissements honnestes. » Les jeux, les causeries, la lecture du roman en vogue et des madrigaux composés en l'honneur des demoiselles de céans, alternaient avec les nouvelles de la ville et les petits cancans du quartier. C'était un des salons les plus fréquentés et, peut-être, les plus libres de Tulle (2). Les jolies demoiselles Vaurillon n'étaient pas insensibles aux flatteries de leurs admirateurs et acceptaient volontiers de faire avec eux des promenades sur *les rives du Tendre*. Dans ces propos galants des projets de mariage s'ébauchaient. Une des filles épousa M. de Lagarde (3) dont la famille était au premier rang de la bourgeoisie ; une autre, M. d'Alègre, lieutenant

____

(1) *Bulletin de la Société des Lettres, Sciences et Arts de la Corrèze*, T. XXXI, 1909, p. 99.

(2) Sur ces réunions et sur le mouvement littéraire à Tulle, on trouvera d'intéressants renseignements dans un article de Clément-Simon, intitulé : « Un épistolier de l'école de Voiture et de Balzac, l'abbé de Lagarde, la société Tulloise au temps de Mascaron. » *Bulletin de la Société des Lettres, Sciences et Arts de la Corrèze*, T. XXI, 1899, p. 481 et s.) Il semble que Clément-Simon n'ait pas connu l'avocat Jean Vaurillon, ni le salon tenu par sa femme et ses filles.

(3) M. de Lagarde était probablement un neveu ou un frère plus jeune de cet abbé Martial de Lagarde, dont Clément-Simon, dans l'ar-

du grand prévôt de Limoges ; une autre, M. Brivazac, fils de
riches marchands, qui fit sa carrière au présidial (1).

Parmi les plus assidus se distinguaient Martial Borderie
de Vernéjoux et un jeune officier de cavalerie, appartenant
à la bonne noblesse du Limousin, d'Arche de Rochefort, fils
d'Etienne d'Arche, seigneur du Pouget et de l'Auselou, receveur de l'Election de Tulle, et de Louise de Fénis de Rochefort. Il semble bien qu'ils aient prétendu, tous les deux en
même temps, aux faveurs, sinon à la main de Jeanne Vaurillon, âgée de vingt-cinq ans, qu'on dénommait Mademoiselle de La Chaud, du nom d'un des domaines de son père.

Borderie de Vernéjoux avait un bon atout dans son jeu :
il était le cousin issu de germain de Jeanne et allait chez
elle « comme son parent et amy de la maison. » Ses visites
fréquentes n'offusquaient personne. Fils d'un conseiller au
présidial, il était reçu avec empressement au foyer de l'avocat Vaurillon. Il avait toutes les facilités désirables pour
faire une cour incessante. Trente-deux ans à peine, hardi,
aventurier — il avait été l'objet d'une lettre de cachet quelques années auparavant,(2) — sans scrupule, marchant au suc-
cès par les mauvais chemins aussi bien que par les bons, opi-
niâtre, et avec cela intelligent et instruit, courtois quand il
le voulait, et de bonnes manières, sympathique et élégant,
il ne pouvait douter de l'emporter sur son rival.

Mais son rival était un bel officier de dragons, qui eut la
mauvaise fortune de lui barrer la route. Vernéjoux ne se
déclara pas vaincu ; il attendit.

Voici ce qu'on raconta à Tulle. D'Arche serait devenu

____

ticle visé en la note qui précède, nous a fait connaître le bel esprit et
les relations mondaines.

(1) Les Brivazac (ou de Brivazac) avaient pris des armes parlantes :
un vase surmonté d'un croissant et accompagné de deux étoiles. (Philippe de Bosredon, *Sigillographie du Bas-Limousin*, T. II, p. 253.)

(2) Une lettre de cachet du roi, datée du 1ᵉʳ août 1678, enjoint au
sieur de Vernéjoux de se retirer en la ville du Blanc en Berry. L'arrêt de la Chambre de l'Arsenal, daté du 14 mai 1695, qui mentionne
cette lettre, n'en fait pas connaître les motifs.

l'amant de Jeanne. Leurs relations, connues d'un certain
public, faisaient du bruit. La bonne réputation de la jeune
fille et de sa famille allait être compromise. Il fallait à tout
prix, éviter un plus grand scandale. Des amis s'entremirent.
Chevaleresque, le capitaine d'Arche promit de réparer sa
faute en donnant son nom à la demoiselle de La Chaud. Le
mariage eut lieu en 1685, dans l'église Saint-Julien. Mais à
l'issue de la cérémonie, le cheval du marié l'attendait devant l'église. D'Arche partit. On ne le revit plus.

Qu'y a-t-il d'exact dans cette histoire? Au milieu des con-
tradictions d'une enquête, il est difficile de découvrir la
vérité. Vernéjoux déclare, dans un interrogatoire du 7 juin
1695, qu'il était à Paris au moment du mariage de d'Arche
et qu'il n'en connaît pas les détails; qu'il ne croit pas que
d'Arche ait abandonné sa femme; qu'il les a vus ensemble à
Tulle en 1686; que s'il ne l'a pas rencontré dans la maison
de Vaurillon, il l'y a vu entrer; qu'il a appris que chacun
habitait dans sa maison paternelle, parce qu'ils n'avaient
pas les moyens de tenir un ménage. Il ajoute que d'Arche a
eu une fille de son mariage avec la demoiselle de La Chaud.
— N'est-il pas singulier que Borderie de Vernéjoux, l'ami,
le parent de Vaurillon, le rival évincé, n'ait pas été mieux
informé des circonstances du mariage de Jeanne? Et cette
vie séparée des deux époux, qui vivent chacun chez soi, ne
rend-elle pas vraisemblable la version qui avait cours à
Tulle? Quant à la fille de d'Arche, ne pouvait-elle pas être
née de relations qui auraient précédé le mariage? Les dires
de Vernéjoux sont peu précis et trop intéressés, comme on
le verra plus tard, pour ne paraître pas suspects. Madame
Vaurillon, après la mort de son mari, soutenait aussi que le
mariage de sa fille avec M. d'Arche « a toujours esté bien
concordant, qu'il n'y a eu aucune [aventure]. » La pauvre
mère défendait l'honneur de sa fille.

Dans la contre-partie de l'information, nous lisons la déposition de Jean Dussolier, conseiller du roi, rapporteur-
vérificateur des défauts au présidial de Tulle, personnage de
poids, mais ennemi déclaré de Vernéjoux. Il raconte le ma-

riage d'Arche d'après la version que j'ai relatée plus haut, peut.être d'après les commérages de la ville.

Qui faut-il croire ? — Un fait est certain : lorsqu'au cours du terrible procès qui bientôt allait remuer tant de bouc, l'honneur de Mademoiselle Vaurillon, l'honneur de Madame d'Arche fut si furieusement attaqué, le capitaine d'Arche n'intervint pas pour défendre celle qui avait été sa fiancée et sa femme; il ne parut jamais, ne fit entendre aucune protestation. Madame d'Arche semble bien être restée une étrangère pour lui.

Ce mariage extraordinaire avait déblayé le terrain pour Martial de Vernéjoux, et peut-être aussi régularisé la situation de l'enfant qui allait naître. Plus de concurrent, plus de rival. Vernéjoux avait les coudées franches; il pouvait reprendre sa cour, non plus pour le bon motif puisque d'Arche avait fermé la voie à une autre union régulière. Mais il y avait une place à prendre dans le cœur de l'abandonnée, une place discrète dont le vide si brusque criait la souffrance. L'abandonnée appelle souvent un consolateur.

Vernéjoux devint le chaperon, le protecteur zélé de Madame d'Arche. Dans une petite ville, cet emploi ne manque pas de prêter aux commentaires. Vernéjoux s'en souciait trop peu. On jasait. Jean Bussières, procureur au siège présidial, se fera, plus tard, devant la justice, l'écho des bavardages. On a vu, dira--til, Borderie de Vernéjoux fréquenter la dame d'Arche; tout le monde croyait qu'il l'entretenait. Voici un détail plus précis dont il prétendra avoir été le témoin : « Un soir dans la maison de la demoiselle de Brivezat, sœur de la demoiselle de La Chaud (on se rappelle que c'est ainsi qu'était désignée la dame d'Arche), où le sieur de Vernéjoux régalait ladite demoiselle et d'autres personnes, ledit sieur de Vernéjoux et la demoiselle de La Chaud se trettoient de mary et femme. » Il y avait donc entre eux des familiarités imprudentes qui ouvraient la porte aux médisances et aux calomnies.

Avant de commencer le récit des faits qui ont précédé et amené la catastrophe, il m'a paru nécessaire de pénétrer dans le milieu où vivaient les principaux acteurs, surtout de dégager la physionomie de Madame d'Arche et de Vernéjoux, et de caractériser, aussi exactement que possible, leurs relations. Les événements qui vont se succéder apparaîtront mieux, maintenant, dans leur vraie lumière. Je vais les raconter rapidement dans leur ordre chronologique, sans commentaire.

Le 5 janvier 1687, trois des filles de l'avocat Vaurillon, montées sur des chevaux, quittaient Tulle ; c'étaient la demoiselle d'Alégre, la demoiselle de La Vergne et la demoiselle de La Chaud épouse abandonnée du capitaine d'Arche. Elles étaient accompagnées de trois cavaliers : M. de L'Estrade, lieutenant du vice-sénéchal, Mr du Ver, cousin de Madame d'Alégre, et Martial Borderie de Vernéjoux. Les valets suivaient, avec les porte-manteaux et les valises. Ce peloton de six voyageurs, en ne comptant pas la valetaille, partait « en plein midy et à la veüe de toute la ville. » Ils allaient ensemble à La Réolle, « à la suitte du Parlement de Guyenne qui y tenoit pour lors sa séance. » Ils étaient tous des plaideurs. Vernéjoux avait « à faire juger un procès par escrit, » sur le rapport de M. d'Alesme, conseiller, contre la marquise de Saint-Projet. Les trois demoiselles Vaurillon voulaient « purger un décret de prise de corps qui avoit esté décerné contr'elles à la requeste et poursuite des sieurs Geoffre curé de Saint-Viance et Maillard sacristain de l'église de Brive qui leur avoient fait une instance criminelle pour des injures verbales, et qui estoient à La Réolle, les poursuivant vivement et ayant, pour le mesme fait, fait constituer prisonnier dans la conciergerie du palais le sieur d'Alègre, mari de ladite demoiselle d'Alègre, où ledit d'Alègre estoit actuellement. » L'avocat Vaurillon et sa femme avaient prié Vernéjoux de vouloir bien assister leurs filles « de ses conseils et de ses sollicitations. »

Arrivées à la Réolle, les demoiselles Vaurillon se logent dans une chambre que d'Alègre leur avait fait préparer près

de la Grande Rue. Vernéjoux met pied à terre à l'auberge
de la Cour Royale où il trouve un compatriote, le conseiller
Dubal, de Tulle. Un arrêt de la chambre criminelle, rendu
sur les démarches de Vernéjoux, renvoie les demoiselles
Vaurillon « en estat d'ajournement personnel » ; cela voulait
dire que le décret de prise de corps ne pouvait plus être
exécuté et qu'à moins d'une condamnation à intervenir, les
dites demoiselles ne risquaient pas d'être incarcérées. D'Alègre, lui-même, était sorti de prison. Furéur du curé Geoffre
et du prêtre Maillard, dont ce premier insuccès ruinait les
projets de vengeance. En présence du conseiller Dubal, ils
injurient Vernéjoux et lui disent, paraît-il, qu'il se repen-
tira de ce qu'il a fait.

Après six jours d'attente, voyant que son procès personnel
ne peut être appelé, Martial Borderie de Vernéjoux retourne
à Tulle, laissant à La Réolle les époux d'Alègre et les demoiselles de La Vergne et de La Chaud. Les déplacements et les
longues chevauchées ne lui déplaisaient pas : le 27 février,
le voilà de nouveau à La Réolle, où son adversaire, la dame
de Saint-Projet, l'a devancé. Il se loge à la même auberge
que précédemment ; les demoiselles Vaurillon avaient conservé leur chambre.

Cette nouvelle entrée à La Réolle est marquée par un désagréable incident. Six archers arrêtent le valet de Vernéjoux et fouillent le porte-manteau où ils trouvent « deux paquets de papiers et diverses lettres adressées à des particu-
liers. Ils le conduisent en prison, saisissent le cheval, la
valise et le porte-manteau, sous prétexte d'une ordonnance
qui deffendoit à toutes sortes de personnes de porter aucunes
lettres ni paquets à peine d'une grosse amende, de prison et
de confiscation de chevaux et hardes. »

Aussitôt Vernéjoux de se pourvoir contre le Directeur des
Postes, par devant l'Intendant de la province, M. de Bezons,
qui réside à Bordeaux ; et sans plus se soucier de la présence
à La Réolle de Madame de Saint-Projet, il part pour Bordeaux, le 3 mars, et va demander justice.

Les trois demoiselles Vaurillon et M. d'Alègre, qui sont

libres maintenant, ne veulent pas le laisser aller seul. Il n'y a que sept lieues de La Réolle à Bordeaux, et les demoiselles Vaurillon y ont, disent-elles, des parents et des amis. Leur temps ne sera pas perdu ; elles feront solliciter leurs juges et décideront l'avocat Maissignac à se charger de défendre leur cause.

On s'embarque sur le bateau qu'on appelle « la diligence ». Le conseiller Dubal, de Tulle, est de la partie.

Il est nuit noire, onze heures du soir, quand on arrive à Bordeaux. Vernéjoux et sa compagnie s'engagent dans la rue du Chai-des-Farines qui s'ouvre devant eux et frappent au hasard à la porte de la première auberge rencontrée, ayant pour enseigne : *A la ville de la Rochelle*. D'Alègre, sa femme et ses belles-sœurs sont logés dans une chambre du second étage ; Vernéjoux partage avec Dubal une chambre au premier.

Mais l'auberge *A la ville de la Rochelle* est assez mal habitée et surtout mal servie. Diverses nippes des demoiselles Vaurillon disparaissent ; les valets et servantes sont accusés de les avoir volées. Au bout de huit à neuf jours, la compagnie détale et va s'installer dans une auberge en face, tenue par la dame Lardin. Dubal y reste le compagnon de chambre de Vernéjoux.

Le curé Geoffre et le sacristain Maillard les ont-ils suivis à Bordeaux ? Borderie de Vernéjoux, bien renseigné, le prétend et ajoute que, pour mieux assouvir leur vengeance, ils se sont logés tout près de lui, dans la même rue.

Le 21 mars, retour à La Réolle, où l'on occupe les mêmes chambres et où l'on séjourne un mois. Ensuite Vernéjoux se met en route pour Tulle avec les demoiselles Vaurillon ; ils laissent à La Réolle M. d'Alègre dont le procès n'est pas fini. A Brive, on se sépare ; Vernéjoux regagne Tulle, tandis que ses trois compagnes se rendent à Saint Viance dans une propriété de d'Alègre. Après quelques jours de repos, les demoiselles Vaurillon rentrent à Tulle, et la dame d'Arche va loger chez Madame Brivazac, sa sœur, où depuis quelques mois elle s'était retirée avec sa fille.

Aucun événement à signaler pendant les mois d'avril et de mai.

Dès les premiers jours de juin, Madame d'Arche est malade. Vernéjoux lui fait de fréquentes visites ; quant au mari, on ne le voit pas, il n'est pas question de lui. La maladie s'aggrave ; on parle d'érésipèle malin à la jambe et à la cuisse, de gangrène. Deux médecins sont appelés, le docteur Peyrat d'abord, attaché à l'hôpital, doyen de l'agrégation des médecins de Tulle, ensuite Romignac, docteur lui aussi. Leurs soins sont impuissants à enrayer le mal. Madame d'Arche reçoit le viatique; et c'est Vernéjoux qui est prié par la famille d'accompagner le prêtre et d'assister à la dictée du testament. Comme la fin approchait, l'extrême-onction fut donnée à la mourante. Elle expira le 1er juillet (1), entourée de tous les siens; son mari seul était absent. Les funérailles eurent lieu « avec les solennités et honneurs dûs à une personne de sa qualité. »

Cette dernière phrase est de Madame Vaurillon, mère de la défunte; tous les autres détails sur les six derniers mois de la vie de Madame d'Arche, sur sa maladie et sur son décès, nous viennent de Borderie de Vernéjoux. Je n'ai fait que résumer et coordonner son récit, laissant de côté, pour le moment, ce qui me venant d'ailleurs peut changer terriblement la physionomie des faits.

La mort avait passé par là. Si la conduite de Madame d'Arche avait prêté à la critique, si des légèretés ou des fautes graves avaient été commises, l'expiation couvrait les défaillances. On pouvait oublier, ne garder que le souvenir de tant de jeunesse, d'esprit, de charme, disparus en pleine fleur.

---

(1) « Extrait des Registres de baptemes, mariages et mortuaires de l'Eglise parroissiale de Saint-Julien de Tulle, de l'année 1687. — Le 17me jour du mois de juillet 1687, est décédée en la communion de l'Eglise Jeanne Vaurillon femme de monsieur Darche, âgée de trente ans ou environ, a esté enterrée dans notre église le 19me du susd. mois et an. Ont esté présents à son enterrement Me Pierre Darluc prestre et Léonard Marsillon marguilier. »

***

Dix-huit mois s'étaient écoulés depuis le fatal événement.
L'avocat Vaurillon était mort. Martial de Vernéjoux, élu
maire de Tulle en 1686, en avait paisiblement exercé les
fonctions. Qui parlait encore de la mort de Madame d'Arche ?

Deux hommes n'avaient pas cessé d'y songer : Geoffre,
curé de Saint-Viance, et Maillard, sacristain de Brive. Nous
les avons déjà trouvés à La Réolle, ennemis résolus de Vernéjoux et des demoiselles Vaurillon. Vernéjoux ne s'était
pas trompé en disant qu'il avait été suivi par eux à Bordeaux. Nous allons les voir à l'œuvre.

La Chambre souveraine de la Réformation des abus de la
justice tenait alors ses séances à Poitiers, et avait délégué
dans les provinces du Limousin et de la Marche, Gilles de
Maupeou, seigneur d'Ablège, maître des requêtes ordinaire
de l'Hôtel du roi. Dans ses courses en Bas-Limousin, Maupeou d'Ablège avait pour substitut Melon du Verdier, neveu par alliance de Baluze (1).

Le 20 décembre 1688, pendant un des séjours du subdélégué à Tulle, le sieur Maillard se présenta devant lui, porteur
de quatre pièces qui étaient tombées entre ses mains, dit-il,
et dont il fit la remise à M. d'Ablège. Il ne voulait pas se
porter dénonciateur, mais il faisait la communication dont
il s'agit « en descharge de sa conscience. »

La première de ces pièces était un acte en date du 18 mars
1687, reçu par Dufaut, notaire royal, dans lequel un sieur
Laurent Robert, bourgeois de Paris, exerçant la médecine

____

(1) Melon du Verdier obtint cet emploi grâce aux démarches de
Baluze (voir *Lettres de Baluze à Melon du Verdier*, p. 56, note 3).
Le conseiller d'Ablège se loua fort du concours que lui donna Melon
en Limousin. Le 15 octobre 1688, il écrivait de Limoges à Baluze une
lettre (même ouvrage, p. 57) où on lit : « J'ai fini, Monsieur, toutes
les courses du Bas Limousin. Monsieur votre nepveu en a bien voulu
prendre la fatigue avec moi, je lui en suis obligé. C'est un homme de
mérite qui a bien de l'esprit... Je lui ferai tomber toutes les affaires
qui regarderont Tulles. »

à Bordeaux, déclare qu'ayant fait mettre des affiches à Bordeaux pour faire connaître les maladies dont il entreprenait la guérison, il reçut la visite, le soir du 3 mars 1687, d'un gentilhomme qu'il apprit être Vernéjoux de Chadapeaux; celui-ci lui dit : « qu'il s'adressait à lui Robert à cause qu'il estoit estranger et qu'il avoit des secrets très considérables, afin de le prier de vouloir bien entreprendre de guérir la dame son épouse, qu'il avait menée à Bordeaux, de certaine maladie qu'elle avoit, et qu'il lui donneroit tout ce qu'il pourroit souhaiter. » Le prix convenu pour la guérison fut de trente pistoles, sur lesquelles Vernéjoux en avait d'avance payé cinq. Cet acte avait été notifié, le jour même de sa date à Borderie de Vernéjoux au logis de la veuve Lardin.

Le second acte, sous la même date, était une défense faite par le médecin Robert à l'hôtelière Lardin de se dessaisir des hardes, nippes et autres objets appartenant à Vernéjoux et à sa femme, avant qu'il ait été payé des vingt-cinq pistoles qui lui étaient dues.

Par le troisième acte, daté du 21 du même mois, Robert assignait Vernéjoux à comparaître à huitaine par devant le sénéchal de Guyenne pour s'entendre condamner au paiement de vingt-cinq pistoles.

Le quatrième acte, enfin, était la copie collationnée par un notaire de Bordeaux d'un *committimus* que Vernéjoux avait obtenu le 20 juin 1686, en raison de sa qualité de secrétaire du roi, lui permettant de faire juger par la Chambre des requêtes de l'Hôtel de Paris toutes ses affaires personnelles, avec la copie de l'assignation en évocation, notifiée au médecin Robert à la requête de Vernéjoux.

Voilà bien qu'un certain mystère plane sur ce voyage à Bordeaux, fait par Vernéjoux en compagnie de Madame d'Arche et de ses sœurs. On sait que Vernéjoux n'est pas marié. Quelle était la dame malade pour laquelle il fait appel à ce médecin étranger? Quels étaient ces « secrets très considérables » dont Robert devait être le confident? Quelle était cette maladie pour la guérison de laquelle Vernéjoux, dès le soir de son arrivée à Bordeaux, court cher-

cher un médecin connu seulement par des affiches ? Il y a
là un fait obscur, troublant peut être, mais qui ne pouvait
motiver une enquête de la part du subdélégué d'Ablège, que
s'il était assorti d'explications, de commentaires, de révéla-
lations précises et concordantes. Or, le lendemain du jour
où le sacristain Maillard avait fait la remise des pièces,
Maupeou d'Ablège ouvrait son instruction.

Maillard a déclaré qu'il ne se portait pas dénonciateur;
peut-être n'a-t-il pas fait une dénonciation formelle ; mais
s'il a voulu et s'il a pu se procurer les documents, s'il les a
versés entre les mains du commissaire des Grands jours,
c'est qu'il en connaît la valeur et qu'il n'ignore pas les circonstances qui peuvent faire de ces pièces une charge terrible contre son ennemi Vernéjoux. N'a-t-il pas ouï dire que
Vernéjoux était l'amant de Madame d'Arche et que celle-ci
dissimulait une grossesse ? N'a-t-il pas su que le médecin
Robert, ce spécialiste suspect, avait fait poser des affiches
jusque sur les murs de La Réolle où Vernéjoux les avait
lues ? Ne sait-il pas que le voyage de Bordeaux n'a eu d'autre but que de soumettre Madame d'Arche aux manœuvres
du médecin ? N'a-t-il pas, enfin, recueilli le bruit confus
qu'après son retour à Tulle, Madame d'Arche a mis au
monde un enfant mort et a succombé elle-même empoisonnée par les drogues qu'on lui avait fait prendre pour provoquer l'avortement ?

Il est infiniment vraisemblable que Maillard a « déchargé
sa conscience » à fond et n'a quitté le bureau de M. d'Ablège
que lorsqu'il a vu la triple accusation d'adultère, d'avortement et d'empoisonnement se dresser contre Martial Borderie de Vernéjoux, appuyée sur les documents dont il venait
de se dessaisir.

Le 21 décembre, l'audition des témoins commence. La
plupart rapportent des propos qui avaient couru dans la
ville : la demoiselle de La Chaud était devenue grosse pendant que le chevalier d'Arche, son mari, était à l'armée ;
Vernéjoux fréquentait beaucoup cette demoiselle et passait
pour son amant; elle serait morte d'un remède violent qu'on

lui avait administré pour la faire accoucher. Des indications
assez concordantes sont données sur la maladie. Une femme
de service dit que trois semaines environ après son retour
de Bordeaux, Madame d'Arche eut la gorge enflée et les
lèvres noires. Anne Dugal, qui la soigna, raconte qu'avant
son voyage à Bordeaux, elle avait eu une jambe malade ;
peu de temps après son retour, elle fut prise d'une esqui-
nancie ; le mal de jambe reparut. Le témoin appliquait des
compresses et faisait des onctions avec un baume composé
de basilicum et d'huile rosat. La cuisse, enfin, se gangrena.

Quoiqu'il se soit défendu de vouloir jouer ce rôle, Maillard, le trésorier de Saint-Martin de Brive, avait été le dénonciateur ; aussi ne figure-t-il pas au nombre des témoins ;
il se tient maintenant à l'écart. Mais nous ne sommes pas
surpris de voir comparaître, au premier rang de ceux qui
vont charger le prévenu, son inséparable compagnon, son
associé du procès de La Réolle, Jean Geoffre, curé de Saint-
Viance. Geoffre se trouve à Tulle, comme s'il y était venu à
un rendez-vous, le lendemain de la dénonciation, le premier
jour de l'enquête. Tous les propos de ville, il les a ramassés
et les débite. L'enfant mort-né, lui a-t-on dit, a été enterré
dans une cave. Il sait personnellement des faits graves, car
il était à Bordeaux en même temps que Vernéjoux et les
demoiselles Vaurillon, et il y a fait d'utile besogne. Geoffre
filait ses ennemis, préparait sa vengeance et son dossier. Il
avait surpris les relations de Vernéjoux avec le médecin
Robert et avait fait parler ce dernier. C'est ainsi qu'il put
révéler au commissaire enquêteur les conditions du marché
intervenu entre ce singulier médecin et Vernéjoux, qu'il eut
connaissance des soins reçus par Madame d'Arche et apprit
que Robert avait refusé de donner des remèdes violents qui
auraient fait avorter la dame.

Après le curé Geoffe, le principal témoin de l'accusation
fut une pauvre femme, nommée Martine Guitard, qui avait
été servante de Madame Vaurillon et vivait, pour lors, à
l'hôpital de Tulle. C'est elle qui accompagnait les demoiselles Vaurillon, le soir, lorsqu'elles se rendaient chez leurs

sœurs, Madame Brivazac et Mademoiselle de La Chaud épouse d'Arche, qui habitaient ensemble près du Jeu de Paume sur le Pré-de-l'hôpital. « De Vernéjoux, dit-elle, y passoit les après soupers et ne bougeoit d'auprès de ladite demoiselle de La Chaud, se tenant la plus grande partie de la soirée sur un lit auprès de ladite demoiselle de La Chaud. » Elle s'était aperçue de la grossesse de Madame d'Arche qui « ne s'habilloit quasy jamais, estant toujours en robe de chambre. » Elle la soigna pendant toute sa maladie. Madame d'Arche eut des frissons et de la fièvre après que le médecin Peyrat lui eut fait prendre un breuvage ; Vernéjoux lui tenait la tête. Elle sait que la malade « accoucha d'un enfant mort qui pouvoit avoir environ six ou sept mois, lequel enfant fut mis dans un linge et donné, en la présence de la déposante, à la nommée Paumassiaude qui servoit aussi dans ce temps ladite demoiselle de La Chaud, lequel enfant fut apporté hors de la maison par ladite Paumassiaude. Dit aussi que ledit sieur de Vernéjoux estoit présent lorsque ladite demoiselle de La Chaud accoucha. » La malade se plaignait du breuvage qu'on lui avait fait avaler et qui la tuait, disant « que quand même elle auroit esté grosse, il falloit l'avoir laissée comme elle estoit sans la faire mourir comme cela. » Peyrat croyait à sa guérison ; c'est le médecin Romignac qui dit qu'elle n'en réchapperait pas et qu'il fallait appeler un prêtre.

Les charges se précisaient. Eclairées à la lumière des premières dépositions, les pièces que Maillard avait remises à Maupeou d'Ablège apparaissaient avec un caractère de gravité incontestable. Le vieux et honorable médecin Peyrat se trouvait impliqué dans l'affaire. Une ordonnance de prise de corps fut rendue contre lui et contre Vernéjoux.

La nouvelle de ce grand procès criminel dût se répandre dans la petite ville avec la rapidité d'un éclair. Les plus hautes personnalités se voyaient compromises. Martial Borderie de Vernéjoux, seigneur de Chadapeaux, conseiller et secrétaire du roi, était maire de Tulle en exercice. Jean Peyrat, docteur en médecine et maître chirurgien, était à la tête de l'agrégation médicale ; c'était un homme généreux qui donnait gratuitement ses soins aux malades de l'hôpital ; c'était un vieillard qu'entourait l'estime de ses collègues et de ses concitoyens. L'avocat Vaurillon avait jeté de l'éclat sur le barreau ; le présidial gardait le souvenir de sa science, de son éloquence et de sa droiture. Le salon tenu par sa femme et ses filles, avait groupé, pendant plusieurs années, l'élite de la société. Voilà que Vernéjoux et Peyrat sont sous le coup d'une accusation capitale ; voilà que l'honneur d'une des filles de Vaurillon sombre dans la catastrophe, et voilà que le nom de ce séduisant capitaine de dragons, d'Arche de Rochefort, qui n'a été le mari de sa femme qu'avant le mariage, revient sur toutes les bouches. Les Darluc, les Maruc, les Chabannes, les Fénis, alliés aux Vaurillon, aux Vernéjoux et aux d'Arche, reçoivent par contre-coup des éclaboussures. C'est la meilleure bourgeoisie de Tulle qui est atteinte. Les petits contes qui avaient couru sous le manteau, avant la mort de madame d'Arche, sont colportés maintenant et amplifiés. Les voisins en savent long, et les autres en savent plus long encore. Des haines, des rancunes, des jalousies entrent en lice. Ne va-t-on pas jusqu'à dire qu'on a vu le médecin Peyrat broyer de l'arsenic et préparer le breuvage mortel ?

Vernéjoux n'est pas là pour se défendre. Peut-être se cache-t-il ? peut être a-t-il quitté la ville ? Il ne se montrera que lorsque le gros de l'orage aura passé. L'ordonnance de prise de corps ne peut donc être exécutée contre lui. Quant à Peyrat, il semble qu'on ait voulu l'oublier. Son honorabilité et son grand âge l'ont mis à l'abri des rigueurs de la loi. On le laissera mourir sans même l'avoir interrogé.

Cependant la Chambre souveraine de Poitiers avait achevé sa tenue, et les pouvoirs de M. Mapeou d'Ablège etaient expirés. L'instruction de l'affaire Vernéjoux n'était pas close. Il restait de nombreux points à éclaircir. L'enquête n'avait pas porté sur les faits de Bordeaux ; à Tulle, de nouveaux témoins s'étaient révélés. La Chambre souveraine délégua, pour continuer l'information et subrogea à ses droits pour juger,

M. Imbert de Bouville, intendant de Limousin, conjointement avec le présidial d'Angoulême. Il n'avait pas été possible de charger de cette mission le présidial de Tulle à cause de la qualité des parties et des influences qu'elles pouvaient mettre en jeu. Le présidial, au surplus, ne se montrait pas neutre. Quelques-uns de ses membres avaient déclaré ouvertement leur opinion, faisaient campagne pour ou contre les accusés, demandaient même à être appelés comme témoins.

Dumas de Soulages, président de l'Election de Brive, est commis par M. de Bouville pour continuer l'enquête.

A partir de ce moment la procédure s'arrête; en tombant entre les mains d'un homme du pays, la conduite de l'affaire s'est énervée. Il y avait tant de considérations à peser, tant de susceptibilités à ménager.

Et puis, le médecin Peyrat est mort; le médecin Romignac est mort aussi. On apprend que le médecin Robert a disparu. Les dépositaires du secret l'ont emporté dans leurs tombes. Maintenant connaîtra-t-on jamais la vérité? Les parents et les amis des Vaurillon et des Vernéjoux, étourdis d'abord par le premier coup, ont relevé la tête et passé à l'offensive. Des témoins sont menacés, intimidés, n'osent plus parler, regrettent ce qu'ils ont dit. Des passions ardentes se déchaînent, sous le vent desquelles il n'y a plus de place pour la justice. Une lettre d'Etienne Baluze à Charles Colbert va nous dévoiler les préoccupations de ceux qui avaient tant soit peu touché à l'affaire. Melon du Verdier, conseiller au présidial, attaché comme lieutenant à Maupeou d'Ablège, n'avait eu que le rôle bien effacé d'un assistant; il n'en jugea pas moins que sa personne et ses biens pouvaient être exposés à certaines vengeances, et pria son oncle d'obtenir pour lui des lettres d'évocation générale. Le 4 février 1689, Baluze écrivait à Charles Colbert: « M. d'Ablège, commissaire député par la Chambre souveraine establie à Limoges, ayant fait l'honneur au sieur Melon du Verdier, conseiller au présidial de Tulle, qui est mon nepveu, de se servir de luy pendant tout le cours de sa commission qui a duré environ trois mois, comme il est arrivé pendant ce temps-là que M. d'Ablège a fait des procédures contre certaines gens qui ont du crédit en ce pays-là et au parlement de Guyenne, ces gens se persuadant que mon nepveu a eu part dans ces procédures, l'on fait menacer qu'il s'en ressentiroit dans les occasions. Ce qui luy donne un juste suject d'apprehender qu'il ne trouve pas toute la justice nécessaire sur les lieux et au parlement... » En conséquence Baluze sollicitait une évocation générale de toutes les affaires que pourraient avoir son neveu et sa famille « pour être renvoyées en tel autre parlement du royaume qu'il plaira à sa Majesté. » (1)

Pendant ce temps Borderie de Vernéjoux ne cessait pas d'intriguer. Ses fonctions de conseiller et secrétaire du roi lui donnaient du crédit à la cour, le mettaient en commerce avec de puissants personnages. Il sut se faire nommer maire perpétuel de Tulle et rentra le front haut dans sa ville natale. Il faut reconnaître qu'il était un hardi jouteur. Dans sa main énergique il prit aussitôt les rênes de l'administration municipale et se flatta de faire marcher à son gré les choses et les hommes.

Mais il avait affaire à de rudes ennemis, haut placés, indépendants par leur situation et leur fortune, que son triomphe cynique irrita furieusement. Parmi eux, le plus acharné était Jean Bussières, procureur au siège présidial, assesseur à l'Hôtel-de-Ville, issu d'une famille de notaires et de juges très considérés. Bussières avait entendu tous les bruits de ville sur les relations de Vernéjoux et de la demoiselle de La Chaud, sur la grossesse et la mort de cette dernière. Il a surpris, lui-même, un fait important, décisif, qui ne laisse pas en doute la culpabilité de Vernéjoux ; il a vu, dit-il, préparer le poison.

Comment empêcher cet homme de parler? M. Dumas de Soulages est obligé de l'entendre et reçoit, le 12 mars 1693, sa déposition. Après avoir redit ce que l'on sait déja, il ar-

____

(1) *Lettres inédites de Baluze à Melon du Verdier*, p. 59, n. 2.

rive au point capital. A l'époque où Mademoiselle de La Chaud était malade, « se trouvant audevant la boutique du sieur Maillard, marchand, il vist le sieur Peyrat vieux, médecin, dans la boutique de Soleilhavoup apoticaire, tout seul, qui avoit un petit mortier sur la table où il y avoit de l'arsenic à ce que le déposant crust, et que le sieur de Vernéjoux estoit au devant la boutique dudit Soleilhavoup, attendant ledit Peyrat » Il ajoute qu'étant en promenade sur le Pré-de-l'Hôpital, quelques jours plus tard, quand il fut arrivé devant la maison de Madame Brivazac, le sieur Maillard, qui était avec lui, le quitta pour aller voir la demoiselle de La Chaud. A son retour, Maillard lui confia : « Cette pauvre fille m'a fait pitié; elle m'a dit qu'elle croyoit être empoisonnée, et qu'au nom de Dieu je lui fis trouver du vin de Tulle pour la désaltérer, ayant la bouche et les entrailles toutes grillées. » Maillard va chercher à l'auberge du Chapeau-Rouge une bouteille de vin qu'il porte à la demoiselle. L'état de la malade s'aggrave. Lorsqu'on apprit sa mort, « tout le monde crioit hautement que le sieur Vernéjoux l'avoit faite mourir à cause de sa grossesse. »

La scène est saisissante; les détails en sont groupés avec une grande habileté. Le médecin est seul dans la boutique de Soleilhavoup; il profite de l'absence de l'apothicaire pour broyer une drogue qui paraît être de l'arsenic. Devant la porte, Vernéjoux fait le guet et attend la potion libératrice. L'effet du breuvage ne tarde pas à se faire sentir. Madame d'Arche se croit empoisonnée, n'a plus confiance dans les médicaments qu'on lui donne, dans les personnes qui la soignent; elle supplie un ami de lui procurer du vin naturel qui éteindra le feu de sa gorge et de ses entrailles. Elle meurt, et c'est un bruit public qu'elle vient de mourir empoisonnée par Vernéjoux. Ainsi, la voix de la mourante et le cri spontané de la population confirment ce que Bussières a vu. Présenté de la sorte, le récit est bien impressionnant.

Et pourtant un enquêteur expérimenté aurait dû exiger d'autres précisions. Il pouvait demander au témoin à quel signe il avait cru reconnaître que la matière broyée par

le médecin Peyrat, au fond d'un mortier, sur la table d'une
boutique peut-être obscure, était de l'arsenic, alors que le
témoin se trouvait à une certaine distance de l'officine, de
l'autre côté de la rue. Il aurait pu lui demander qu'elle pensée, quel sentiment de curiosité, quel soupçon l'avaient incité
à surveiller l'opération, en soi très naturelle, à laquelle se
livrait le docteur Peyrat. Il aurait pu lui demander, enfin,
si sa conviction ne s'était pas faite seulement après la mort
de Madame d'Arche, lorsque le bruit courut d'un empoisonnement. Il ne posa aucune question, n'exigea aucun éclair-
cissement.

Un autre membre du présidial, Jean Dussolier, conseiller
du roi, fut entendu, le 12 juillet suivant, par le commissaire
enquêteur. Sa déclaration n'apporte aucune preuve nouvelle : il est au courant de tout ce qu'on a dit à Tulle. Il
tient de Maillard, le sacristain de l'église de Brive, que ce
prêtre est allé, avec Geoffre, à Bordeaux, y a appris les relations de Vernéjoux avec le médecin Robert et a levé une
expédition des pièces versées aux débats.

A Tulle, l'instruction est terminée; mais il reste à entendre les témoins de Bordeaux. Le médecin Robert est mort.
On retrouve la veuve Germain, chez laquelle il logeait. Le
28 août 1693, elle comparait devant Dumas de Soulages et
fait la singulière déclaration suivante : Comme les femmes
de la campagne portaient à Robert de grandes provisions
d'une herbe appelée rue, la veuve Germain lui demanda ce
qu'il en faisait. C'est, dit il, « pour faire avorter une dame
étrangère qui estoit logée au Chay-des-Farines de la présente ville, dont le mary estoit à l'armée, capitaine de dragons, laquelle estoit devenue grosse pendant l'absence de
son mary, et qu'il y avoit un monsieur avec elle qui luy
avoit promis trente pistoles s'il la faisoit avorter. »

Ne semble-t-il pas que la leçon a été faite à cette vieille
femme? Quelque effronté et immoral qu'ait pu être le médecin Robert, ce n'est pas lui qui a fait ces confidences. Je
ne crois pas me tromper en voyant en ce cas une des ma-
manœuvres de Geoffre et de Maillard.

On se rappelle le court séjour que Vernéjoux et les demoiselles Vaurillon firent à Bordeaux dans le logis de la rue du Chai-des-Farines où pendait l'enseigne *A la Ville de la Rochelle*. Les deux filles de l'hôtesse et leur servante, interrogées, déclarent qu'une des demoiselles étant malade reçut la visite d'un médecin. Une fiole, qui contenait un médicament, se brisa en tombant, et le liquide, passant à travers les fentes du plancher, se répandit à l'étage inférieur sur la table où était servi le dîner de quelques pensionnaires. Cette mixture nauséabonde — l'odeur de la rue est aussi forte que désagréable — arrosa les rôtis et les convives. Colère, exclamations, injures à l'adresse des locataires du dessus. L'hôtesse congédie aussitôt Vernéjoux et ses compagnes.

L'enquête ne porte pas sur les faits qui avaient pu se passer dans l'auberge d'en face. Pour la seconde fois l'instruction est suspendue.

Vernéjoux, nouvellement nommé maire perpétuel de Tulle, ne s'endort pas sur ses lauriers. Sa haute situation ne le met pas à l'abri du danger, car il est toujours sous le coup d'une ordonnance de prise de corps, et l'accusation qui pèse sur lui n'a fait que se préciser et s'aggraver. Mais il connaît maintenant les témoins qui l'accusent, et, sans aucun doute, il sait, dans tous les détails, les résultats de l'enquête. Il peut donc préparer sa défense. L'autorité que lui donnent ses fonctions facilitent ses démarches et ses manœuvres. La plupart des témoins sont de petites gens ; ceux dont la déclaration est le plus redoutable, Martine Guitard et la Paumassiaude, sont de vieilles femmes vivant de charité. L'une d'elles est hospitalisée à l'Hôtel-Dieu. On les fera disparaître ou on leur coudra les lèvres. Le médecin Robert est mort, morts aussi les deux médecins de Tulle qui ont soigné madame d'Arche, morts d'autres encore qui ont été entendus par Maupeou d'Ablège. Vernéjoux n'aura bientôt plus, en face de lui, que quatre hommes intraitables : les prêtres Geoffre et Maillard, les conseillers Bussières et Dussolier, ses ennemis jurés qui ne lâcheront pas prise ; mais il réunit

contre eux un dossier terrible, capable de ruiner leur crédit
et d'étouffer leurs calomnies.

Le temps le sert. Plus de six ans se sont écoulés depuis la
mort de Madame d'Arche. Un apaisement général s'est fait.
Quand il jugera le moment venu, il sortira de sa poche le
commitimus qui lui permet de demander au roi l'évocation
de l'affaire ; et il trouvera à Paris les juges qu'il lui faut.

Dix-huit mois après le dernier acte d'instruction que j'ai
relaté, Vernéjoux se présente au greffe de la prison de For-
l'Evêque, à Paris, et signe, sur le registre d'écrou, le procès-verbal suivant : « Du vingt avril 1695, le sieur Martial
Borderie de Vernéjoux, conseiller secrétaire du roy, maire
de la ville de Tulle, s'est volontairement rendu prisonnier
ez prison de céans en personne, sur l'avis de certain prétendu decret décerné contre luy par mons. de Bouville, intendant de la Généralité d'Orléans. signé : Borderie. »

En même temps, il expose au roi l'accusation dont il a été
l'objet de la part de ses ennemis et il demande à être jugé.

Le roi renvoie le procès « pour être instruit et fait et jugé
en dernier ressort », devant la Chambre criminelle établie à
l'Arsenal ; et par Lettres patentes du 23 avril, il désigne,
pour constituer ce tribunal, les conseillers d'Etat : de Pome-
reu, Bignon, de La Reynie, de Marillac, d'Aguesseau, de
Ribeyre et de Fourcy ; et les maîtres de requêtes : Le Blanc,
de Creil de Soizy, Quentin de Richebourg, d'Ernothon, Jas-
saud, Le Camus, Guynet et Milon. Il leur ordonne de s'as-
sembler dans la Chambre royale du château de l'Arsenal et
désigne, comme procureur général, Robert, conseiller procureur au Chatelet, comme greffier, Gaudion, conseiller
secrétaire, et comme rapporteur, Milon, maître des requêtes.

Toute la procédure était à recommencer, et les dépositions recueillies jusqu'à ce jour ne pouvaient avoir de valeur qu'après récolement et confrontation, c'est-à-dire après
avoir été lues et reconnues sincères par les témoins en pré-

sence du prévenu. Vernéjoux avait toujours évité de comparaître devant MM. d'Ablège et de Soulages ; il pouvait soutenir que l'instruction s'était faite à son insu.

Les 7, 8 et 9 juin, le conseiller Milon procède à l'interrogatoire. Les questions sont claires, pressantes, admirablement coordonnées. Le magistrat connaît son métier et son dossier. Il est courtois et prudent ; mais il ne néglige aucun détail, fait les objections utiles, recherche visiblement la vérité. De son côté, Vernéjoux, maître de lui, très habile, repousse toutes les charges, ne se livre jamais. Il est victime d'un coup monté par ses pires ennemis, et il développe les causes de cette animosité, de ce qu'il dit être une abominable vengeance.

Il est souvent facile de se défendre contre des témoignages oraux ; la chose est plus malaisée quand il s'agit de preuves écrites. Milon a sous les yeux les documents qui émanent du médecin Robert, et il en arrive à cette partie la plus scabreuse de l'affaire.

— Quel commerce, demande-t-il, Vernéjoux a-t-il eu à Bordeaux avec le nommé Robert, prétendu médecin ? — Je n'ai connu aucun homme de ce nom, répond Vernéjoux.

— « Comment peut-il se faire qu'il n'ait point connu ledit Robert, puisqu'il avoit fait un marché avec lui à trente pistolles pour la guérison de la dame d'Arche qu'il disoit estre sa femme, sur lequel mesme il lui paya cinq louis d'or par avance ? » — Vernéjoux persiste dans sa dénégation.

— Robert n'a-t-il pas tenté de provoquer l'avortement par des boissons et des drogues ? — Le prévenu ne sait rien de ces faits.

— « S'il n'est pas vray que ledit Robert ayant porté une prise de ces remèdes dans une bouteille de verre, pour la faire prendre à lad. dame d'Arche, et estant dans la chambre de lad. dame d'Arche pour la luy faire prendre, la bouteille ou fiolle de verre seroit tombée et se seroit cassée ; ce qui fit que la liqueur qui estoit dedans auroit traversé le planché et seroit tombé sur une table de la chambre au dessous où le couvert pour les personnes qui y estoient estoit

dressé, et que ce qui tomba de cette liqueur ou drogue estoit si puant et sentoit si mauvais que les personnes qui estoient dans ladite chambre se plaignirent si fort de cela que l'hostesse de la maison à cause du scandale que luy répondant et lesdites demoiselles Vaurillon portoient dans son auberge, fut obligée de leur dire de se retirer, et que c'est ce qui fit qu'ils allèrent loger chez la veuve Lardin?
— Vernéjoux dénie toujours.

C'est alors que le conseiller Milon donne lecture des actes signifiés à la requête du médecin Robert et demande au prévenu des explications sur ces documents. Vernéjoux répète qu'il n'a « jamais connu ledit Robert ny fait aucun marché avec luy ; qu'il est vray que lesdits Geoffre et Maillard, parties des demoiselles de Vaurillon (1), ayant affecté de les suivre à Bordeaux et de se loger vis-à-vis, s'avisèrent de faire ledit acte de protestation sous le nom de Laurent Robert qu'ils qualifioient bourgeois de Paris faisant profession de médecin, pour faire injure à ces demoiselles et à luy répondant qu'ils savoient avoir beaucoup contribué à l'élargissement dudit sieur d'Alegre et fait éviter la prison auxdites demoiselles ; mais luy répondant s'estant pourveu contre cet acte qui luy paroissoit extravagant aussi bien qu'une assignation qui luy fut donnée en conséquence, et ayant pris des conclusions extraordinaires contre led. Laurent Robert du nom duquel ils se servoient, lesdits Geoffre et Maillard n'ont jamais osé constituer de procureur, de peur d'estre convaincus d'impostures, ny jamais osé parler de cette prétendue saisie de hardes ; pourquoy luy répondant entend se pourvoir contr'eux comme auteurs et fabricateurs desd. actes, comme il le justifiera. » Il proteste, à plusieurs reprises, contre lesd. Geoffre et Maillard, « comme iceux auteurs desd. actes. »

A l'objection qu'on lui fait que pour la signification du *committimus*, il a bien su trouver le domicile de Robert, il

---

(1) Adversaires des demoiselles Vaurillon dans le procès de La Réolle.

répond que le prétendu Robert avait, dans son acte, fait élection de domicile chez la nommée Germain, rue Saint-Rémy, et que c'est là qu'a été notifiée la demande à fin d'évocation.

Vernéjoux ne démord pas de son système : Geoffre et Maillard ont machiné le complot, inventé le médecin Robert, et fabriqué de toutes pièces l'affaire des trente pistoles.

Quand on y regarde de près, on voit combien cette défense est faible. Le jour où il fit donner son acte à Robert, le 20 mars 1687, Borderie de Vernéjoux ne semblait pas mettre en doute l'existence du médecin; il le traite d'imposteur et de fou, mais non pas d'être imaginaire cachant sous son nom d'emprunt les personnalités des prêtres Geoffre et Maillard. Il l'assigne « pour procéder sur les fins d'un exploit chimérique qui lui a été donné à la requête dudit Robert apparemment visionnaire et sujet au cours de la lune... Et attendu qu'il ne sait ce qu'il dit ny ce qu'il veut dire, que ses actes sont injurieux à un homme de sa qualité faits par un bourgeois exerçant la médecine », il proteste, demande des dommages-intérêts et l'internement de Robert « aux petites maisons, lieu où l'on destine les fous et visionnaires. »

Comme tout cela est invraisemblable ! si Vernéjoux avait été de bonne foi en invoquant un pareil moyen, il aurait commis la pire des maladresses en appelant son adversaire devant un autre tribunal que celui de Bordeaux. Les juges de cette ville, en effet, n'étaient-ils pas mieux placés que ceux de Paris pour se renseigner sur l'état intellectuel et moral du pauvre fou ? La vérité, c'est qu'il eut peur, qu'il comprit le danger d'un procès, et que, ne pouvant l'étouffer dans l'œuf, il jugea prudent d'en retarder la solution.

Il est fort probable que le curé de Saint-Viance et le sacristain de Brive étaient déjà dans la coulisse, poussaient Robert à agir, escomptant le parti qu'ils pourraient tirer de cette affaire. Mais l'existence du médecin Robert n'est pas un mythe ; des annonces placardées dans la ville de Bordeaux avaient fait connaître son nom; un témoin l'avait vu se rendre à l'auberge des demoiselles Vaurillon ; un honorable bourgeois de Tulle, qui se trouvait à Bordeaux en même temps qu'elles, sait que madame d'Arche y fut malade et que Vernéjoux lui fit prendre une médecine.

Maintenant Robert est mort. Il avait été un homme taré, entouré de gens qui ne valent pas mieux que lui, les Geoffre, les Maillard et la veuve Germain ; il n'en reste pas moins l'accusateur le plus dangereux. Vernéjoux, qui a prévu l'attaque, ne paraît pas avoir une minute d'abattement. Sans hésiter, devant le conseiller Milon, il dénonce la conjuration et charge sur les conjurés.

A la dernière question qui lui est posée, relative au long temps qu'il a mis à purger le décret de prise de corps contre lui décerné, il répond qu'il ignorait ce décret ; qu'il croit que tout le monde l'ignorait puisqu'on l'a laissé se pourvoir et s'installer dans l'office de maire perpétuel de Tulle, sans opposition ; qu'il en a exercé publiquement les fonctions et que, dès qu'il a été averti des poursuites dirigées contre lui, il a présenté requête au Conseil pour demander des juges et s'est constitué prisonnier.

Très adroitement il avait saisi l'occasion de mettre en contraste d'une part l'attitude haineuse d'une poignée de gens sans moralité et sans scrupules, de l'autre le crédit dont il jouit, les sympathies et la confiance de ses concitoyens, enfin sa soif de justice puisqu'il est allé de lui-même s'enfermer au For-l'Evêque, après avoir supplié le roi de lui donner des juges.

L'interrogatoire était fini, et Vernéjoux avait obtenu sa mise en liberté provisoire. Il restait à entendre les témoins. La Chambre de l'Arsenal en établit la liste qui comprend quatorze noms. Nous y voyons figurer, entre autres, Jean Bussières et Jean Dussolier, conseillers au présidial de Tulle, Jean Geoffre, curé de Saint-Viance, Martine Guitard qui assista à l'accouchement de Madame d'Arche, la veuve Germain, de Bordeaux, et les tenancières de l'auberge où pend l'enseigne *A la Ville de la Rochelle*.

Lorsque le procureur général veut les faire citer, les huis-

siers se récusent. Chacun invoque des motifs d'empêche-
ment. Ils savent ce qu'il en coûte d'être mêlé à l'affaire de
Vernéjoux. Les passions, en effet, se sont rallumées. Des
lettres anonymes ont été adressées à la Chambre de l'Arsenal : Toute la province, écrit-on, a été surprise en appre-
nant la mise en liberté de Vernéjoux, accusé d'un crime capital ; chaque jour les preuves disparaissent ; des témoins
meurent ; les parents du prévenu corrompent ceux qui res-
tent. On se plaint de la lenteur et de la faiblesse de la justice.

Un huissier à cheval du Châtelet est désigné pour aller
porter les citations. Il arrive à Tulle le 1er décembre 1695 et
cherche Martine Guitard qui est le principal témoin. Cette
femme a quitté l'hôpital de Tulle. On dit à l'huissier qu'elle
est au village de Laporte dans la paroisse de Lapleau. Le 5
décembre, l'huissier se rend au lieu indiqué où il ne trouve
que la fille du témoin à laquelle il laisse l'assignation. Trois
des personnes qu'il doit citer sont mortes. Le curé Geoffre
lui remet des certificats de médecins constatant qu'il est
dans l'impossibilité d'aller à Paris. Léonarde Vintéjoux,
pauvre mendiante, chargée de famille, ne peut faire le
voyage. Marguerite Treich est à la veille d'accoucher. Seuls,
les conseillers Dussolier et Bussières et le bourgeois Dussol
pourront répondre à l'assignation ; mais encore sont-ils hési-
tants et font-ils part, en une lettre au procureur général, de
leurs préoccupations. L'huissier qui nous a cités à comparaître pour le récolement, écrivent-ils, « a usé de menaces
contre nous jusques à dire à l'un de nous que si nous com-
paraisssions devant votre tribunal, vous nous fairiez arrester, estant déja prévenus de nostre conduite. » Ils ajoutent
que le délai de l'assignation est trop bref et demandent
qu'on leur fasse l'avance de la dépense du voyage. Martine
Guitard a écrit aussi pour se plaindre « d'un certain homme
se disant huissier » qui est venu la chercher, l'a menacée
de la faire périr et lui a conseillé de se cacher.

N'oublions pas que ce « certain homme se disant huissier », qui intimide et menace les témoins à charge, n'est
autre que Grégoire Thibault Dessouslemoustier, huissier à

cheval du Châtelet de Paris, commis par le procureur général près la Chambre de l'Arsenal, sur le refus d'exploiter
des huissiers de Tulle, pour porter les citations aux témoins
du Limousin. Serait-il, lui aussi, vendu à Vernéjoux? Après
la grève des huissiers, nous voyons maintenant s'organiser
la grève des témoins.

A Bordeaux le résultat est tout pareil : la femme Cabat est
nourrice et grosse ; la veuve Germain est malade et vieille ;
Brigide David et la veuve Lardin, les deux tenancières des
hôtelleries du Chai-des-Farines, sont absentes ; la première
a été chassée de Bordeaux pour sa vie scandaleuse. Vernéjoux est bien servi par les circonstances et il n'est pas impossible qu'il les ait préparées à son gré.

Le procureur général donne ordre à l'huissier de renouveler les citations et d'offrir aux témoins les frais du voyage.

Borderie de Vernéjoux, comprenant qu'il est temps de
presser la solution de l'affaire, dépose des conclusions, demande audience.

Le 10 février 1696, le témoin Jean Bussières comparait enfin en la Chambre de l'Arsenal. Le conseiller Milon donne
lecture de sa déposition faite devant Dumas de Soulages et
invite le prévenu à présenter ses reproches. Alors, nous
voyons l'accusé, devenant accusateur, lancer contre Bussières le furieux réquisitoire que je résume sans en changer
l'allure et la forme.

Le témoin, s'écrie t-il, a menti en disant qu'il n'est parent
d'aucun des accusés. Il est parent de Peyrat, médecin, accusé comme moi.

Le témoin est le fils d'un homme qui a vécu dans la plus
extrême misère et d'une mère connue par sa prostitution
publique.

Le témoin a été le laquais du sieur Melon, avocat du roi à
Tulle, et ensuite le valet du sieur de La Geneste, président
au présidial et receveur des tailles.

Le témoin est un voleur public et un voleur domestique ;
il a manié les deniers publics pendant qu'il était consul, et
n'a rendu aucun compte. Il a volé le sieur de La Geneste,

son maître. en maintes circonstances, pendant qu'il était à
son service, et notamment lui a dérobé, la nuit, au cours de
sa maladie, le coffre qui contenait tous ses effets. Etant receveur de l'évêque de Tulle et à ses gages, il lui a soustrait
une somme de douze mille livres.

Le témoin est un concubinaire et un adultère : il a entre-
tenu pendant de longues années, à pot et à feu, la nommée
Magnicu, fameuse prostituée, et il entretient maintenant,
avec grand scandale, la femme du sieur Lescot, opérateur
faquin qui monte sur le théâtre. Le curé de sa paroisse l'a
admonesté pour ce fait et menacé de le priver des sacre-
ments.

Le témoin est un faussaire, ayant exercé la charge de notaire royal, de sa propre autorité, sans provision du roi ni
commission du grand sceau. Il a enlevé des registres du
greffe la minute d'une sentence du 8 janvier 1692 et l'a rem-
placée par une autre de sa composition.

Il est un racoleur de faux témoins. — Et Vernéjoux cite
des noms et précise des circonstances. — Il est un concus-
sionnaire public. — Et il énumère les sommes exorbitantes
qu'il a touchées comme commis du greffe et commis à la
levée de certains droits. Dans la province, on l'appelle « le
gros voleur. »

Vernéjoux explique qu'une caballe s'est formée à Tulle
pour le perdre. Le témoin, dit-il, est gagé par les conjurés.
Il a reçu de l'un d'eux, pour prix de sa déposition, la somme
de mille livres qui lui a servi à payer sa charge d'assesseur
de la maison de ville. De plus, on l'a habillé à neuf et on lui
a acheté un cheval et on lui a donné six cents livres pour
son voyage. Il est un des douze qui ont « signé à Tulle un
écrit d'écriture privée pour le faire périr lui accusé. » Et
Vernéjoux cite les noms des conjurés : Fénis, procureur du
roi (1), Fénis, prévôt (2), Delpie, officier de l'élection, « qui

____

(1) Martial de Fénis, seigneur de La Combe, qui établit à Tulle,
vers 1690, la manufacture d'armes à feu.]

(2) Deux membres de cette famille ont été grands-prévôts de l'église
de Tulle.

sont les trois chefs de cette caballe ». Les autres sont : Bussières et Dussolier, les deux témoins qui déposent contre lui, Mensat (1), Chabannes (2), Lafarge, Ménard, le prieur Ménard, le chanoine Lafarge (3) et Melon, curé de Saint-Julien (4) ; ce dernier est le dépositaire du billet. Ils ont pris l'engagement « de faire périr lui accusé d'une façon ou d'autre, de servir de témoins, d'en chercher, et généralement tout ce qui peut faire réussir leur dessein, en haine de ce qu'il a pris la charge de maire de Tulle. » Bussières et Dussolier ne contribuent pas à la bourse commune ; mais ils déposent comme témoins.

En 1688, ils ont suborné la nommée Guitard, lui ont écrit ce qu'elle devait dire. Cette femme ayant eu peur de se damner en persistant dans sa première déposition, la caballe la fit disparaitre. Vernéjoux détaille avec précision les manœuvres faites d'abord pour obtenir la déposition de la veuve Guitard, et ensuite pour l'éloigner et la cacher ; il indique les noms des complices, les lieux des rendez-vous. Il révèle d'autres tentatives de subornation, l'enlèvement de la veuve Vintéjoux, la pression exercée sur la femme Paumassiaude.

Le témoin, ajoute-t-il, est mon ennemi juré. J'ai obtenu contre lui un arrêt du Grand Conseil dont il doit encore les frais. Nous sommes en procès devant le parlement de Bordeaux. En présence de plusieurs personnes, il a déclaré qu'il me ferait périr et déposerait contre moi.

Vernéjoux dénonce un coup d'état qui fut monté par la caballe pour s'emparer du consulat.

Il accuse enfin Bussières d'avoir fait mettre le feu à la

____

(1) François Mensat, banquier à Tulle, était conseiller en l'élection en 1695.

(2) Jean-Joseph Chabanes, ou Chabannes, conseiller du roi, lieutenant général de police.

(3) Je n'ai pas pu identifier Delpie, les deux Meynard et les deux Lafarge.

(4) Jean Melon, docteur en théologie, prieur de Viam ; il était consciller-clerc au présidial de Tulle.

maison de la femme Combe, sa voisine, qui avait un procès
avec lui.

Il l'accuse d'être un ivrogne, un violent qui soufflette des
femmes, menace des hommes et se promène la nuit en tenant un pistolet à la main.

Le portrait est complet, un portrait de bandit; il ne manque pas une ombre au tableau. On reste confondu à la pensée que tant d'outrages aient pu être crachés impunément à
la face d'un conseiller du roi, d'un officier du présidial.
L'audace et l'emportement de Vernéjoux ont dépassé toutes
les mesures. Il est allé jusqu'au bout et peut s'asseoir maintenant, attendant la riposte.

Elle ne fut pas violente. Bussières dénia les imputations
dont il venait d'être chargé et donna lecture d'une lettre,
datée à Paris du 1er janvier 1695, que Vernéjoux adressa à
lui et à ses collègues récemment élus consuls : « On ne pouvoit mieux choisir pour remplir les charges de consuls de la
ville de Tulle qu'en faisant tomber l'élection sur vous. Si
j'avois été présent, j'aurois ajouté mon suffrage à celuy des
autres. Je soüetterois, messieurs, que vous voulussiez estre
plusieurs années dans la même fonction par la connoissance
que j'ay de vostre intégrité et de vostre droicture... »

Quelle jolie réponse ! — Quand il écrivit ce billet, Vernéjoux connaissait il la déposition faite par Bussières devant
M. Dumas de Soulages? Je ne puis le croire. Mais c'était un
si habile homme qu'il faignait peut-être de l'ignorer, dans
l'espoir qu'une flatterie pourrait désarmer son ennemi.

Ce fut au tour de Jean Dussolier de déposer. Le reproche
présenté par l'accusé est, en plus d'un point, la répétition de
celui qui précède. Mais, Dussolier est son parent, Dussolier
est un oncle de Madame d'Arche et un cousin-germain du
capitaine d'Arche; sa parole est donc suspecte. Elle ne peut
être crue, d'ailleurs, parce que le témoin « est fol et de famille de fols, pour avoir esté enfermé par intervalles, et
ayant actuellement deux fils lyez et enfermez pour des folies
faites dans le public au veu et au sceu de toute la ville de
Tulle. »

C'est ainsi que Vernéjoux révélait les tares, ne reculait devant aucun moyen. Il avait des crocs et des griffes. Ses morsures étaient terribles. On comprend que les témoins, qui avaient déposé devant les premiers enquêteurs, aient renoncé à renouveler en sa présence leur déclaration. Tous, à l'exception de Dussolier et de Bussières, refusèrent de se présenter, à l'exception aussi d'une pauvre femme, Marguerite Paumassiaude, sur la déposition de laquelle l'accusation faisait fond. C'est elle, en effet, qui avait soigné Madame d'Arche après son retour de Bordeaux, assisté à l'accouchement, et, au dire de Martine Guitard, reçu l'enfant, plié dans un linge, qu'elle aurait emporté hors de la maison. Sa déclaration va suppléer, sans doute, celle de Martine Guitard défaillante... Elle en fut la contradiction absolue. Marguerite Paumassiaude a bien assisté Madame d'Arche pendant toute sa maladie, en qualité de voisine et de garde ; elle n'a pas su qu'elle ait accouché ; elle ne s'est pas aperçue qu'elle fut grosse. Madame d'Arche avait une grande enflure à la cuisse ; la gangrène s'y mit ; elle en est morte.

La vérité est elle sortie de la bouche de cette femme misérable, de ce témoin exposé à toutes les entreprises, à toutes les tentations, à toutes les menaces ? Il est impossible de le dire. On ne le saura jamais.

Le conseiller Milon avait achevé sa tâche. Maintenant le procureur général avait à prendre ses réquisitions. Fit-il part aux juges des sentiments qui devaient partager sa conscience ? d'un côté, un ensemble de circonstances défavorables à l'accusé ; d'un autre côté, le défaut de preuves positives apportées à l'audience. Le dossier ne nous apprend pas ce que furent les débats.

La Chambre criminelle de l'Arsenal s'était rendu compte du trouble profond que ce procès avait causé dans le pays. A chaque reprise de l'affaire, les passions avaient bouillonné. La jalousie, l'envie, la haine s'étaient déchaînées. Tous les rouages de l'administration semblaient faussés. Les officiers du présidial descendaient de leur siège pour se jeter dans la mêlée, et la vengeance avait pris la place de la justice

dans le prétoire. On n'entendait parler que d'intimidation,
de menaces et de dangers. Les hommes les plus considérables de la cité étaient outragés. Les honnêtes gens n'osaient
pas dire ce qu'ils savaient, ce qu'ils avaient vu, ce qu'ils
croyaient. Ces violences, ces peurs, ce détraquement de
l'organisation sociale, étaient marqués à chaque page de la
procédure, avaient eu leur écho jusque dans la Chambre
royale de l'Arsenal. On sentait que la ville de Tulle, à l'exception de quelques meneurs, était lasse de cette intermina-
ble affaire, en souhaitait la fin, comme on souhaite la paix.
Borderie de Vernéjoux était maire perpétuel, officier de la
Maison du roi, influent et solidement protégé ; quel est celui
de ses ennemis, de ses rivaux, de ses accusateurs, qui va-
lait mieux que lui ? Après une révolution, l'amnistie
apparaît souvent comme le moyen le plus efficace de rame-
ner le calme dans les esprits, le bon ordre dans la vie de la
cité. Avant la condamnation, quand la parole décisive n'est
pas encore prononcée, l'oubli se fait plus facilement. Vernéjoux n'était pas condamné. En justice rigoureuse, devait-
il l'être ? Des considérations de sagesse et d'oportunité ne
devaient-elles pas dicter la décision des juges souverains ?

Le 6 août 1696, l'arrêt définitif est prononcé : « La Chambre a mis et met ledit Martial Borderie de Vernéjoux hors
de cour sur l'accusation contre lui intentée, ensemble sur
les demandes fins et conclusions faites et prises par ledit
Borderie par sa requête du 26 juillet dernier. »

Borderie de Vernéjoux avait demandé des dommages-
intérêts contre ses accusateurs et s'était porté partie contre
eux (1). La cour renvoyait dos à dos accusateurs et accusés,

------

(1) Voici les conclusions de Vernéjoux : Le renvoyer absous, rayer
l'écrou, dire « que le procureur général seroit tenu de nommer ses
dénonciateurs pour se pourvoir contre eux tant pour la réparation qui
luy est deue que pour ses dépens, dommages et interets, donner acte
au suppliant de ce qu'il se rend partye formelle contre les nommez
Martine Guitard, Jean Bussière, Jean Dussolier témoins et autres,
convaincus de fausseté dans les dépositions par eux faites, pour leur
faire faire leur procez comme faux témoins, luy permettre de faire

ne laissant aucune porte ouverte à ceux qui auraient pu avoir la pensée de reprendre l'affaire.

Le maire de Tulle sortait triomphalement de l'audience. Que lui importait, en effet, l'échec de ses conclusions reconventionnelles ? Ses ennemis n'avaient plus de prise sur lui ; il allait bientôt leur montrer que leurs dénonciations n'avaient pas atteint son crédit.

En décembre 1697, il est reçu conseiller en la cour des Aydes de Paris, et, quelques jours après (7 janvier 1698), il épouse demoiselle Geneviève Dousseau, fille d'un avocat au parlement et d'Elisabeth Nozereau (1). Plus que ses charges, ce mariage le rapproche de la Cour. Sa femme, en effet, est la nièce de Fagon, premier médecin du roi, dont l'influence est alors très puissante. Il se fixe à Paris.

Le voilà à l'apogée de sa fortune ; mais un nouveau coup du sort va bientôt le frapper.

Dès l'année 1701, nous le voyons en procès avec sa femme. Celle-ci a abandonné le domicile conjugal et formé une demande en séparation de corps ; de son côté Borderie a introduit contre elle une instance « aux requestes du Palais à Paris. » Que s'est-il passé ? Quelles sont les causes de cette rupture après trois années de mariage ? Borderie, mari infidèle, a-t-il rencontré sur son chemin une nouvelle madame d'Arche ? Ses ennemis ont-ils appris à sa femme les faits antérieurs qu'elle ignorait ? A-t-elle été victime de brutalités ? Son mari nous a donné la mesure de sa violence et de ses emportements. On peut tout supposer, mais on ne peut faire que des suppositions. Si je n'ai pas découvert le motif de cette querelle de ménage, je suis mieux renseigné sur ses suites.

____

informer de la subornation contre eux et leurs complices, comme aussi de faire informer contre les auteurs et fabricateurs des lettres et libelles diffamatoires écrits contre l'honneur du suppliant et de sa famille.»

(1) Bibliothèque Nationale, Dossiers bleus, 112.

Fagon prend parti pour sa nièce et met dans son jeu le chancelier Phélypeaux de Pontchartrain et le lieutenant général de la police Voyer d'Argenson. Cette fois Borderie de Vernéjoux trouvera à qui parler.

Aux premiers jours de septembre 1701, d'Argenson, muni d'une lettre de cachet du roi, mande Vernéjoux en son cabinet. C'est ce dernier qui va nous apprendre le détail de l'entretien. Sa parole n'est pas digne de confiance, mais son récit n'en paraît pas moins contenir une grande part de vérité.

Le roi, dit d'Argenson, a connaissance de l'action en séparation et en paiement de pension engagée par Madame de Vernéjoux et il en apprécie le fondement. Si vous n'acquiessez pas, sur le champ, à cette double demande, je vais faire exécuter contre vous la lettre de cachet que voici.

Vernéjoux objecte qu'il a saisi la chambre des requêtes d'une instance contre sa femme. — Il faut que vous vous en désistiez, dit le lieutenant général.

Il n'y avait pas à tergiverser : la volonté du roi ne se discute pas. Vernéjoux déclare qu'il est prêt à se soumettre, à la condition que cela n'entache pas sa conscience. Il signe son consentement à la séparation, son consentement au paiement d'une pension de 1.800 livres, le désistement, enfin, de sa demande.

Dans le factum (1) où je puise ces renseignements, Borderie de Vernéjoux soutient qu'il a signé sous l'effet de la menace ; et il est fort probable que la vue de la lettre de cachet a pesé sur sa détermination. Il termine ainsi le compte-rendu de l'entretien : Les acquiescements sont revêtus de ma signature. « Après quoi il (d'Argenson) m'a dit qu'il envoyeroit cella au Roy et qu'il scauroit la résolution, et m'a bravé avec tous les airs d'hauteur, de menaces atroces de la part du Roy et d'indignités personnelles pendant deux heures, et après m'a renvoyé. »

____

(1) M. Champeval a publié ce factum dans le *Bull. de la Soc. de Lettres, Sciences et Arts de la Corrèze*, T. XXXI, 1909, pp. 93 à 96.

La fortune du maire de Tulle avait tourné. Par le mémoire
que je résume et qu'il destinait à la publicité, il allait gâter
tout à fait les choses. Le procédé dont sa femme a usé, dit-il,
est « celuy de force et de contrainte. » Il entend protester
contre tous les actes qu'on l'a forcé à signer et contre tous
les arrêts qui pourraient intervenir ; il s'élève contre le rôle
et l'attitude de sa femme, de Fagon et de Madame Fagon ; il
prie, enfin, « tous les juges de recevoir sa plainte, de lui en
rendre justice en temps et lieu. »

Derrière sa femme et le ménage Fagon, Vernéjoux visait
clairement d'Argenson et dénonçait son procédé. Le libelle
étant l'œuvre d'un révolté, le lieutenant général de la police,
sur l'ordre de Pontchartrain, se mit aussitôt en mesure
d'exécuter la lettre de cachet.

Mais notre homme avait prévu le coup et disparu. Pendant un an il dépiste les limiers mis à ses trousses. Pontchartrain stimule le zéle d'Argenson. Le 8 octobre 1702, il
lui écrit : « Monsieur de Bernage qui, comme vous, a ordre
du Roy de faire arrester le sieur de Vernéjoux, me dit, il y
a quelque temps, qu'il ne seroit pas impossible qu'il fust de
retour à Paris, parce qu'il ne paroissoit pas au pays, ce qui
m'oblige de vous l'escrire afin que vous redoubliez votre
attention pour découvrir s'il est à Paris, et en ce cas le faire
arrester. »

Le lieutenant de police croit le tenir. On lui assure qu'on
l'a vu à l'hôtel de Conty, « à une fenêtre grillée qui est au
dessus de la grande porte. Son fils ayné, qui vaque icy à ses
affaires, y va tous les jours. » C'est une fausse piste, car
Vernéjoux n'a pas de fils. On ne le trouve pas à l'hôtel Conty.
On le suit, sans pouvoir l'atteindre. Il est à Paris. D'Argenson reçoit de ses agents la note suivante : « Monsieur de
Vernéjoux fut dimanche toute la matinée chez le sieur
Christi, rue Saint-Mairy ; de là, il porta une lettre à la boitte,
et l'aprest diné il ne fut que chez le sieur Geoffroy, rue
Bourtibone. Le lundy, il fut toute la matinée chez le sieur
Robilliard notaire, rue Saint-Martin. Il fut dans la journée
chez le sieur Brossard advocat au conseil, rue des Ecouffes,

et de là retourna chez le sieur Robilliard. Le mardy, il fut rue Saint-Germain chez un gros marchand à l'enseigne du Roy Pépin. Il fut aussy ce jour là à l'hostel de Guise, et de là chez ledit Brossard. »

Cette fois il a été bien filé. C'est lui, à n'en pas douter, que les policiers ont suivi pendant trois jours ; mais ils n'ont pu le saisir. Se sentant traqué et serré de trop près, il s'échappe de Paris et court la province. Il est vu à Tulle. Des agents le relancent et finissent par l'arrêter. Incarcéré d'abord à Angoulême, transféré ensuite à Paris, il est écroué à la Bastille le 27 décembre 1702. La chasse avait duré quatorze mois.

Le procès-verbal d'écrou porte cette annotation : « Affaire de mœurs » ; et Du Junca, plus explicite, a écrit sur le registre de la Bastille : « lequel prisonnier est parent de Monsieur et Madame Fagon, médecin du roi, ayant eu le crédit de le faire arrêter pour les différents qu'il a avec sa femme, nièce de Madame Fagon, l'ayant fait mettre dans mon ancienne chambre, seul (1). »

Sa détention, que Du Junca adoucit de son mieux, ne fut pas de longue durée. Sur un ordre de Pontchartrain, il fut remis en liberté le 23 septembre 1703.

A partir de ce moment nous le perdons de vue. On peut croire que sa vie d'aventure était finie. Champeval dit qu'« il eut l'esprit assez troublé quelque temps (2), » et précisant ailleurs sa pensée, nous apprend qu'il aurait été interné pour aliénation (3). Vernéjoux s'est tenu à l'écart du droit chemin ; il a marché par secousses, comme fait un passionné ; il a défié la raison, la sagesse, l'honnêteté. Nous ne devons pas douter du désordre de son cœur et de son esprit. C'était un cerveau brûlé. A-t-il été fol, au sens propre du mot ? Je n'en ai trouvé la preuve dans aucun document et je n'ai pu

----

(1) M. Funck-Brentano, *Les lettres de cachet à Paris,* p. 133.

(2) *Bull. de la Soc. des Lettres, Sciences et Arts de la Corrèze,* T. XXXI, 1909, p. 93.

(3) *Dictionnaire des familles nobles et notables ..,* V° Borderie.

contrôler l'assertion de Champeval qui n'indique pas sa source. Je crois qu'une confusion a pu se produire : Vernéjoux a été enfermé à la Bastille, mais pas aux Petites Maisons.

Il avait dépassé la cinquantaine quand Pontchartrain lui fit ouvrir les portes de sa prison. L'heure des folies était passée. Un arrangement intervint alors, très probablement, entre Fagon et lui. Il rentra dans les bonnes grâces de sa femme et reprit sa place au foyer. Avant la rupture une fille était née de son mariage, Alphonsine, qui épousa, le 27 février 1726, Alexis B....., marquis de M..... Quelques années après la réconciliation, en 1708, sa femme lui donna un fils, Louis-Martial, qui s'unit à Jeanne de Rabanide.

Les registres de baptèmes de la paroisse Saint-Julien de Tulle nous apprennent que Louis-Martial et Jeanne de Rabanide eurent deux enfants : Alexis, né le 1er août 1737, et Geneviève, née le 30 août 1738. A cette dernière date, Martial Borderie de Vernéjoux était mort. Sa veuve, Germaine Dousseau, habitait Paris. Elle fut la marraine de sa petite-fille et se fit représenter au baptème par Léonarde de Borderie de Taysse, proche parente de son défunt mari. Les brouilles et les discordes du passé étaient donc oubliées ; la paix était revenue dans la famille.

*
* *

On a reconnu dans le fils de Louis-Martial, dans Alexis Borderie né en 1737, celui dont le cœur repose sous la marche d'un autel de l'église des Carmes.

Quelle différence entre la destinée du grand-père et celle du petit-fils. Martial vivait à une époque de calme et de grandeur ; dans une société fortement organisée, il était un favori de la fortune. Par son dévergondage et ses coups de tête, il a gâché son existence, troublé plusieurs familles, semé la discorde entre ses concitoyens, et révolutionné, en quelque sorte, son pays.

Son petit-fils a assisté à la ruine de nos anciennes institutions ; il a vu régner l'anarchie, frapper les bons et couronner les criminels ; il a vécu dans une période de dissolution, sans mesure et sans foi, où l'on peut dire qu'il n'y avait de place que pour les passionnés. Au milieu de la tourmente, il est resté un sage, un humble, un homme de bien, il a conservé ses croyances et ses principes, et l'on a pu, en vérité, écrire dans son épitaphe toute son histoire en ces deux vers :

> « Bienfaisant et modeste, appui des malheureux,
> Il n'était que vertus dans son cœur généreux. »

Le souvenir de ce bon citoyen m'a servi d'entrée en matière ; je viens de l'évoquer en finissant. Pour tous ceux qui croient à la rédemption des fautes, il sera le consolant épilogue de mon récit.

René Fage.

Extrait du *Bulletin de la Société Scientifique, Historique
et Archéologique de la Corrèze, à Brive*